לחשוב עשיר – להיות עשיר

עמית עשת

עיצוב ועימוד: סיגלית עשת

עריכה לשונית: ליאת נוי

הוצאה ראשונה 2013

הוצאה שניה 2016

הוצאה שלישית 2018

amit@2success.biz

www.2success.biz

054-2575888

הוצאת "סיפור פשוט"

www.simplestory.co.il

תודה לכל האנשים הטובים שמלווים אותי ומראים לי את הדרך.
תודה מיוחדת לסיגלית, גיא, בן וייסמין.

על כולנו לשאוף להתקדם ולהצליח, ולעילם לזכור שהחיים הם גלגל,
כפי שכתב יהונתן גפן :

נד נד

בכל מקום בו מישהו מרחף
מישהו אחר מכייף
איך קסמך מתחלף בבוקר ובערב
אחפש לי קסם חדש
בכל מקום בו מישהו חזק
מישהו אחר חלש

נד נד
נד נד
רד עלה ורד
נד נד
נד נד

בכל מקום בו מישהו אוהב
מישהו אחר נבגד
בכל מקום בו מישהו מת
משהו אחר נולד
בכל מקום בו מישהו רץ
מישהו אחר עומד.

תוכן עניינים

הקדמה

רבים שואלים אותי : האם יש לי סיכוי להתעשר?

התשובה היא : **כן!!!**

אבל זה תלוי בך ובגישה שלך לגבי כסף ועד כמה אתה באמת רוצה להיות עשיר.

האם עושר תלוי במקום מגורים?

לא ! בכל ישוב בארץ ובעולם מתגוררים עשירים, עניים ובעלי הכנסה ממוצעת.

האם עושר תלוי בהשכלה?

לא ! רבים מהעשירים לא סיימו לימודי השכלה גבוהה וחלקם אפילו לא סיימו תיכון.

המסקנה היא שעושר תלוי בראש ובראשונה בך.

הוא קשור למה אתה מרגיש לגבי ״להיות עשיר״ ואיך אתה תופס את העשירים.

אם יש לך שנאה ופחד מכסף ודחייה מאנשים עשירים – אז לעולם לא תצליח להגיע ליעד העושר.

אם אתה מאמין שתשב על הכורסא, תראה תכניות ריאליטי ומישהו ידפוק על הדלת ויביא לך מיליון דולר – אתה טועה ואין לך תודעת שפע ועושר אמיתית.

מצד שני, אם אתה מאמין שמגיע לך להיות עשיר ואתה רוצה לחיות בסביבה עם הרבה כסף – **אתה בדרך הנכונה.**

כאן המקום לציין ולהדגיש : עושר הוא דבר יחסי. אין בכוונתי להצביע על סכום כסף מסויים אלא על תחושת הרווחה הכלכלית שתחיה בה.

מי שפועל למען המטרה, מאמין ורוצה להתעשר ומוכן להתאמץ בשביל זה, יצליח להגיע אל העושר.

רבים מפחדים מכסף, רבים חוששים מכסף – אבל אין שום סיבה להיכנס ללחץ.

צריך להבין ולזכור: יש **מספיק** כסף לכולם!!!

העושר שלך לא בא על חשבון האחר. אם לכולם יהיה הרבה, נחיה בעולם עשיר יותר ונוכל להגשים יותר חלומות.

שאלה: מה יותר קל: לצמצם הוצאות או להגדיל הכנסות?

ונמשיך: מה יותר חשוב: להגדיל הכנסות או לצמצם הוצאות?

זה הזמן לפעול לפי החשוב ולא לפי הקל!

בספר זה תמצא 36 אמונות ומחשבות בנושאים העוסקים בכסף ועושר.

בעזרתו תוכל ללמוד איך הכוח לשינוי עתידך הכלכלי נמצא בידיך.

זה פשוט: להפסיק לחשוב כמו מסכן ולהתחיל להאמין בעצמך, באושר, בעושר ובהצלחה.

בספר זה תראה איך רוב האנשים חושבים, ואיך האנשים העשירים באמת והמצליחים רואים את הדברים.

הספר הזה הולך לשנות את חייך.

מספיק להסס, מספיק לחכות ומספיק עם התירוצים.

כל שנותר הוא לאמץ את המשפט שיחולל את השינוי אצלך:

מומלץ כל יום לקרוא ולשנן את משפט השינוי,

להתחיל לחשוב כמו עשירים וההצלחה כבר בדרך!

תובנה ראשונה:

בכל בוקר מתעוררת איילה באפריקה.

היא יודעת שהיא חייבת לרוץ מהר יותר מהאריה הכי מהיר,

אחרת היא תסיים את חייה.

בכל בוקר מתעורר באפריקה אריה.

הוא יודע שהוא חייב לרוץ מהר יותר מהאיילה הכי איטית,

אחרת הוא ירעב למוות.

לא משנה אם אתה אריה או איילה,

כשהשמש זורחת, אתה חייב להתחיל לרוץ.

רוב האנשים מאמינים שההיסטוריה חוזרת על עצמה, ומה שהיה בעבר יקרה שוב בעתיד.

המחשבה הזו גורמת לקבעון ולחוסר מעשה בנסיון לשנות, לפרוץ ולהתקדם.

הם מאמינים ש"ייהיה בסדר".

כשדברים לא מסתדרים הם מאשימים את הממשלה, את המעסיק שלהם ואת השכנים.

כולם אשמים, אבל הם לא לוקחים אחריות על מעשיהם.

העשירים מבינים שהם תלויים אך ורק בעצמם.

לא משנה אם הם אריה או איילה – הם חושבים, מנסים ומשתדלים.

הם רוצים להשפיע על הרווחה והעושר שלהב בעצמם.

בכל יום הם מחדדים מחדש את חושיהם, מחפשים את ההזדמנויות ונזהרים מהסכנות. הם רצים במחשבות איך לשפר את מצבם.

תובנה שניה:

"שקל שחסכת, הוא כמו שקל שהרווחת. אין לזלזל בשום סכום כסף."

בנימין פרנקלין

רוב האנשים נוטים לזלזל בסכומי כסף קטנים.

כשמציעים להם הנחה קטנה הם לרוב אומרים: ההנחה כל כך קטנה, מה זה כבר משנה?

הם מחפשים סכומים גדולים ולא מתייחסים להוצאות וההנחות בסכומים של שקלים בודדים.

זוהי טעות גדולה והתייחסות מוטעית לכסף ועושר.

העשירים מבינים שאין דבר כזה כסף קטן.

הם יודעים שגם חסכון של 50 ש"ח לחודש שווה לחסכון של 600 ש"ח בשנה.

אחרי 10 שנים החסכון הזה כבר הצטבר ל-6,000 ש"ח.

לחסוך 6,000 ש"ח בלי מאמץ זה סכום משמעותי לכל אחד!

העשירים יודעים שכסף מצטבר ולכן הם לא מכירים את המושג "כסף קטן".

הגישה שלהם לגבי חסכון היא שחסכונות קטנים מצטברים לסכומים גדולים, אין לזלזל בכסף ולא משנה מהו ערכו.

תובנה שלישית:

אל תיתן לפחדים של הסובבים אותך להשפיע עליך.

אם תחלום – הם יחשבו שאתה משוגע

אם תצליח – הם יחשבו שאתה מזליסט

אם תשיג עושר ורווחה כלכלית – יגידו שאתה חמדן

אל תשים לב אליהם, הם פשוט לא מבינים.

רוב האנשים חוששים משינוי ומפחדים מהלא נודע. כל שינוי שמזיז אותם ממה שהם מכירים ומאמינים מפחיד אותם.

כשהם אומרים לך את דעתם, יש להם כוונות טובות. הם רוצים להגן עליך ושיהיה לך רק טוב, אבל בדרך הם יפחידו אותך ועלולים לגרום לך לחשוב שהם צודקים.

עם האהבה שלהם, הם עוצרים אותך. הם מדברים מהפחד שלהם בלי להבין כלל את מצבך וחלומותיך.

העשירים מאמינים בדרך שלהם ולא נותנים לאף אחד להסיט אותם מהמטרה.

הם בטוחים ביעדים שלהם, מוכנים להיכשל מדי פעם אבל משוכנעים עמוק בפנים שהם יגיעו ליעד שהציבו לעצמם.

הם לא נותנים לאף אחד להפחיד אותם ולהסיט אותם מהמסלול שבחרו והם מאמינים בו בכל ליבם.

הם מתעלמים מכל מי שמפריע להם להגיע כיעד שהציבו לעצמם.

תובנה רביעית:

האם אתה איש של דיבורים או מעשים?

רובנו אוהבים להתלונן ולקטר, זהו סוג של תרפיה עבורנו.

אוהבים לקטר על הממשלה, על הבוס, על מזג האוויר ובכלל על כל מה שאפשר.

זה "משחרר קיטור" מצוין, אבל האמת היא שזה לא מקדם אותנו בכלום.

לעשירים **עשייה** היא דרך חיים.

הם מבינים שלא ניתן להתקדם ולהזיז משהו על ידי תלונות בלבד אלא על ידי מעשים.

אם הם רוצים משהו, הם יעשו כל מה שהם יכולים על מנת להשיג אותו.

מעשים ולא מילים, זו הדרך של העשירים כדי להתקדם בחיים.

לחשוב עשיר משמעו להיות אקטיבי, ולא רק כשמדובר בכסף -

גם בעבודה, אהבה, הגשמת חלומות ובכל תחומי החיים.

תובנה חמישית:

"זו לא בושה להיוולד עני, זו בושה למות עני"

ביל גייטס

אנשים רבים מרגישים שקשה מאד לצאת מהסביבה בה הם גדלו וחונכו.
חושבים שאם הם גדלו בסביבת עוני, זה הגורל שלהם : להיות עניים ולסבול כל ימי חייהם.

אנשים שנולדו עם תודעת שפע לא מוותרים.
הם מבינים שאם הוריהם סבלו מעוני, זה לא אומר שגורלם צריך להיות דומה.
הם נלחמים כדי להתקדם בחיים ולא נותנים לשום מכשול או קושי לעצור אותם מלהשיג נכסים ועושר שהם חושקים בהם.
הם מאמינים באמת ובתמים שהם זכאים ליותר ושהם מספיק טובים כדי להשיג את העושר.
מי שמאמין בעצמו וביכולתו – משיג!

1
2
3
יש פתרון!!

תובנה שישית:

"הצלחה היא היכולת להתקדם מכשלון אחד למשנהו, בלי לאבד את ההתלהבות".

וינסטון צ'רצ'יל

רוב האנשים לא מאמינים.

פשוט אין להם אמונה בעצמם ובכך שמשהו באמת יכול להשתנות לטובה.

הם לא מאמינים שיכול להיות להם יותר.

הם לא מאמינים שהם יכולים ומותר להם להיות שמחים.

הם גם לא מאמינים שהם יכולים להיות עשירים.

מדי פעם הם מוכנים לנסות משהו חדש, אבל אם הוא לא מצליח כמו שהם ציפו, מיד חוזרות המחשבות: "אמרתי לכם שזה לא יצליח", "אמרתי לכם שאין סיכוי" או "כולם נגדי"...

העשירים מבינים שהם לא יכולים להצליח מבלי להיכשל מדי פעם.

הם מבינים שהדרך למעלה רצופה מכשולים שצריך להתגבר עליהם.

הם מעיזים, מנסים ומדי פעם גם נכשלים. הם יודעים שאין בחיים 100% הצלחה.

האמת היא, שהם לומדים מכל כשלון וממשיכים קדימה בהתלהבות ועם יותר ידע – כמו תינוק שלומד ללכת ובהתחלה רק נופל.

כשיש אמונה והסכמה לטעות ולהיכשל מדי פעם, אפשר להגיע לפסגות של עושר, רווחה ושמחה.

תובנה שביעית:

"אם עושר היה תוצאה הכרחית של עבודה קשה, כל אישה באפריקה הייתה מיליונרית"

ג'ורג' מונביוט

אנשים רבים מאמינים שאם הם יעבדו קשה מאד, יהיו הרבה שעות במקום העבודה וימשיכו לעבוד מהבית בלילה – העושר והרווחה שלהם ישתפרו.

העשירים יודעים שלא צריך לעבוד קשה כדי להיות עשיר.

צריך להבין את המציאות ולחפש כל הזמן הזדמנויות איך להתעשר ולהרוויח הרבה כסף בלי לעבוד קשה כל היום, כל השנה וכל החיים.

רוצה הוכחה?

שאל את עצמך: האם הנשים באפריקה עשירות או ממשיכות לעבוד בשמש היוקדת?

תובנה שמינית:

מה עדיף ללמוד, לימודי ידע כללי או ידע מעשי?

את רובנו חינכו שהדרך אל העושר והרווחה עוברת בידע ובהשכלה שנרכוש.
אמרו לנו שללא השכלה גבוהה לעולם לא נשיג משהו בחיים.
רבים לומדים בלי מטרה ברורה מה יעשו עם הידע שהם רוכשים.
לומדים קצת מכל דבר – והעיקר לקבל תואר אקדמי.

העשירים מאמינים ברכישת ידע ממוקד ומעשי.
הם מבינים שללמוד קצת מכל נושא לא מקדם אותם, אבל ללמוד לעומק את
התחום שבו הם רוצים לעסוק – זה מה שיעזור להם להתקדם.
זה מה שיהפוך אותם למומחים ומצליחים.

להפוך למומחה ומוביל בתחומך - זו הדרך להרוויח הון.

תובנה תשיעית:

האם כסף מלחיץ אותך?

טיפול בכסף ומחשבה עליו מלחיצים את רוב האנשים.

זהו הנושא הכי מטריד בחיים שלהם, ורוב הזמן הם מוטרדים מהשאלה האם יש להם מספיק כסף להוצאות השוטפות, והאם יהיה להם מספיק כסף גם בעתיד, כולל היכולת לסייע לילדים שלהם כשיעזבו את הבית ויבנו את חייהם העצמאיים.

כשצריך לקבל החלטות פיננסיות משמעותיות כמו רכישת רכב, דירה או מוצר חשמלי לבית – מתלווים להחלטה מתחים וחששות ונוצרת אווירה של אי שקט בבית.

מצד שני, נקודת המבט של העשירים על כסף היא כלל וכלל לא כעל משהו מלחיץ.

להיפך, הם רואים בכסף הזדמנות.

הזדמנות להתנסויות חדשות בחיים ולהתקדמות קדימה לחיים מלאים ושמחים יותר.

כסף עבורם הוא הכלי להגשים את תענוגות החיים, ולא נטל שמפריע להם להשיג כל מה שהם רוצים.

זו הסיבה שהם רוצים עוד ועוד כסף, וכלל אינם חוששים להיות עשירים.

Jewelry

תובנה עשירית:

"להיות עשיר פירושו לא כמה כסף יש לך או כמה בתים ברשותך.

להיות עשיר זה החופש לקנות איזה תכשיט שאתה רוצה או מכשיר סמארטפון חדש בלי להסתכל כמה זה עולה ולשאול את עצמך האם אני יכול להרשות אותו לעצמי."

ג'ון ווטרס

רוב האנשים חושבים שלהיות עשיר זה להיות בעל בתים רבים, להסתובב במכוניות פאר ושיש לך הרבה כסף בבנק.

אדם עשיר אמיתי הוא כזה שמרגיש שיש לו כל מה שהוא צריך ויכול לקנות לעצמו מה שהוא רוצה בלי לחשוב פעמיים האם הוא יכול להרשות זאת לעצמו.

אם אתה מאמין שעושר ורווחה מתחילים בך, במחשבות שלך על עצמך ובשמחת החיים הפנימית שלך, אזי תגיע לרווחה חומרית הרבה יותר מהר ממה שאתה חושב.

בינינו, להכנס למסעדה ולהזמין מהתפריט מה שבא לך מבלי להסתכל על המחיר, זה חופש כלכלי - ולהיות עשיר.

תובנה אחת עשרה:

האם אתה מעדיף להתפתח מקצועית או להתבדר ולהשתעשע?

רוב האנשים מעדיפים להתבדר, ללכת לים ולבלות מאשר ללמוד.

אחרי העבודה הולכים לפאב, מסעדה או צופים בתוכניות ריאליטי בטלוויזיה.

האמונה הרווחת אצלם היא "חיים רק פעם אחת, לכן צריך ליהנות כאן ועכשיו".

העשירים מעדיפים ללמוד ולהרחיב אופקים מאשר לשבת ולחכות שמישהו יבדר אותם.

הם מבינים שכדי להשיג את הרווחים שהם רוצים, הם צריכים להשקיע זמן וכסף בלימוד נושאים חדשים ורעיונות מעניינים שיכולים להניב להם עסקאות טובות.

כמה שיותר מידע בתחומם יכול לעזור להם להגשים את שאיפותיהם, ולכן הבידור הופך להיות משני.

בידור ובילויים מוסיפים ערך קטן לחיים שלך במונחי כסף.

העשיר מבלה ונהנה, אבל בין חופש לנופש עובד ומשקיע זמן בלימודים ובהתפתחות מקצועית.

דרך קלה ונוחה ללמוד היא להקשיב לספרים והרצאות בזמן נסיעות (Audio books) - נסה זאת ותראה כמה אתה צומח ולומד.

תובנה שתים עשרה:

כסף מפעיל אצלנו הרבה רגשות. מהם הרגשות שלך בנוגע לכסף?

לרובנו ההתעסקות עם כסף היא פעילות רגשית. אנו חוששים ומוטרדים מהשאלה האם יש לנו מספיק כסף. אנחנו דואגים, אנחנו נלחצים. יש לנו תחושה של חוסר שליטה ושאנחנו לא באמת מבינים כמה כסף יש לנו ואיך מתנהלים איתו.

בהרבה מקרים אין הצדקה אמיתית לחששות, אבל למרות זאת אנו נוטים לראות בכסף גורם להרבה בעיות, וזהו נושא שמפעיל אצלנו הרבה רגשות שליליים.

העשירים חושבים על כסף באופן הגיוני.

הכסף משמש אותם לצריכה ורכישת פריטים שהם רוצים, הוא משמש ככלי השקעה ולא כמחסום רגשי.

הכסף משמש אותם למימוש חלומות והוא אמצעי להרוויח עוד כסף על ידי השקעות חכמות.

הכסף עבור העשירים הוא כמו צעצוע, כלי משחק שמשתעשעים איתו ולא משהו שחוששים ממנו.

תובנה שלוש עשרה:

מה לדעתך נדרש כדי לעשות כסף?

רבים מאמינים שכדי לעשות כסף אנו חייבים שיהיה לנו סכום כסף גדול.

צריך שיהיה לנו הרבה כסף כדי לשכור עובדים טובים ולשלם עבור חומרי גלם טובים. צריך הרבה כסף כדי לשכור מקום מרכזי, לפרסם את עצמנו ועוד ועוד.

בדרך הזו האמונה שלנו היא שבלי הרבה כסף, אף אחד לא יסתכל עלינו ואין לנו סיכוי לפרוץ עם הרעיון או העסק שלנו.

העשירים יודעים שכדי לשמר את ההון שלהם, עליהם להשתמש בכסף של אחרים.

איך הם עושים זאת?

על ידי שכנוע אחרים להשקיע כסף בעסק שלהם.

מכינים מצגות משכנעות לגבי הרעיונות שלהם, מתחברים לאנשים עם כסף והחשוב מכל: מאמינים גדולים ברעיון שלהם ואז קל יותר לשכנע משקיעים וגם בנקים.

הם מכירים כמה טכניקות לגיוס כספים, ואחרי שהם מצליחים בפעם הראשונה, יש להם כבר מספיק כסף משלהם להתפתח ולהשקיע באחרים.

תובנה ארבע עשרה:

איזה חינוך פיננסי הילדים שלך מקבלים?

רוב האנשים מחנכים את הילדים שלהם לגדול ו״לשרוד״ בעולם האמיתי: איך לעבור את בית הספר, ללמוד ולהשיג עבודה מכובדת, לחסוך כסף ולהיות אדם טוב ומכובד.

רוב החינוך והמסרים העיקריים מתבססים על שרידות והעמדת רף שאיפות נמוך.

העשירים מלמדים את הילדים שלהם להיות עשירים!

להם חשוב שהילד יגדל ויבין את העולם הפיננסי, ופחות חשוב מה ילמד בדרך. העיקר שילמד ויתמקד במה שיכול לעזור לו בעתיד ויבין איך ״עולם הכסף״ פועל.

לשם כך הם מחנכים אותם לעצמאות פיננסית, כי מבחינתם כל עוד יש לך כסף והרבה, שאר הנושאים כבר מסתדרים בעצמם.

העשירים רוצים שילדיהם יבינו מגיל צעיר שכסף הוא כוח, לא ממקום משחית אלא ממקום של עזרה וחומר להשתמש בו.

וכל אחד יש אותה כמות של זמן...

תובנה חמש עשרה:

"בכל יום בנק הזמן שלנו מתחיל לעבוד. הזמן הוא סוג של מטבע.

אין בו עשירים, אין בו עניים – כולנו שווים ומקבלים 24 שעות כל יום."

כריסטופר רייס

כולנו קיבלנו מתנה זהה, שלפעמים מרוב לחץ אנחנו שוכחים אותה: 24 שעות בכל יום.

האם חשבת פעם כמה זה 1,440 דקות כל יום? מה אפשר לעשות ולהשיג ב-1,440 דקות?

העשירים מתייחסים לכל דקה, לכל יום כאילו הוא האחרון ולא יהיה יותר, ומנסים להשיג הכי הרבה שאפשר.

אנשים רבים מדי משכנעים את עצמם לא לעשות ולא לפעול ויש להם הרבה תירוצים:

מה הסיכוי שלי להצליח?

למה לרוץ ולנסות?

אין לי סיכוי, אולי מחר יהיה טוב

ועוד הרבה תירוצים דומים.

איזה סוג אדם אתה?

תובנה שש עשרה:

האם כסף הוא שורש כל הרע?

רבים חושבים שכסף הוא שורש כל הרע, מאמינים שכסף גורם לחיים מסובכים ולמתח רב, ושכסף גורם למלחמות ולאובדן אהבה בין חברים ומשפחה.

זה הכל אמונות שנמצאות בראש.

אם אתה רוצה להיות עשיר – אתה חייב לשנות את האמונה הזו.

העשירים מאמינים שהעוני והמסכנות הם שורש כל הרע.

הם מאמינים שללא כסף הם לא יוכלו לדאוג למשפחה שלהם כמו שהיו רוצים.

הם יודעים שלא יוכלו לעסוק בתחביבים יקרים ולא יוכלו לפנק את עצמם במוצרים יוקרתיים, כל אימת שירצו.

החשוב מכל הוא שהם מבינים שהם יפסידו חלק מהנה בחיים כי הם יהיו עסוקים בהישרדות במקום בפריצה ושגשוג.

העשירים רואים כסף כאמצעי להשגת הנאה מהחיים, וכלל לא מבינים איך אפשר לראות בכסף גורם מלחיץ ודבר שמוריד את שמחת החיים.

תובנה שבע עשרה:

הימורים לא מביאים עושר

רבים מאלו שאין להם כמות כסף כפי שהיו רוצים, מחפשים פתרון מהיר: הימורים.

זה יכול להיות הימורים בלוטו, טוטו או בבתי קזינו.

הם עושים זאת מתוך התקווה ש״עוד רגע המזל ישנה כיוון ואני אתעשר״.

בדרך כלל הם מפסידים כסף רב, ואתה בוודאי זוכר שרם אלו חסרי הכסף.

העשירים יודעים שאין קיצורי דרך.

צריך להתוות דרך אל העושר וללכת בה. העשיר יודע שעליו לנהל את הכסף שלו ולא לסמוך על אלת המזל.

העשיר משקיע את כספו, ולוקח הלוואות אך ורק לאחר שבדק שתהיה לו יכולת להחזירן, ולעולם לא יהמר בכספו אך ורק לשם יצר ההימור ותקוות ההתעשרות הקלה והמהירה.

$
E
W
N

תובנה שמונה עשרה:

"כסף הוא רק אמצעי.
הוא יכול לעזור לך להתקדם להגיע לאן שאתה רוצה,
אבל לעולם לא יחליף אותך כנהג של עתידך"

איין ראנד

אנשים רבים מאמינים שאם הם יזכו בליטו או יקבלו ירושה גדולה – כל החיים שלהם ישתנו לטובה והכל יהיה בסדר.

הם חושבים שכסף קונה כל דבר ויכול לפתור כל בעיה והם יוכלו לשבת על שפת הים ולדוג דגים כל היום.

הם כנראה לא שמעו על כל זוכי הלוטו שתוך מספר שנים הפכו להיות פושטי רגל.

העשירים יודעים שאכן כסף יכול לקנות כל דבר, אבל הוא לא פוטר אותם מהצורך להחליט ולנווט את העתיד שלהם.

עשיר אמיתי הוא בעל תודעת שפע שיודע כיצד להתנהל עם הכסף שלו.

השקעות בתחומים שונים וניהול סיכונים נכון, הם שמסייעים לעשירים להגדיל את הונם.

כל עוד אתה מכוון את ההשקעות שלך, נעזר במומחים וביועצים מקצועיים ויודע איפה כספך נמצא – העתיד הפיננסי שלך מובטח.

תובנה תשע עשרה:

שווקי ההון מתנהלים בהגיון וחישובים מדויקים או אולי מונעים מרגש וחמדנות?

רוב האנשים חושבים ששווקי ההון מתנהלים בהגיון ולפי אסטרטגיה מובנית. הם מאמינים שהדרך היחידה להרוויח במניות והשקעות היא על ידי הדרכה טובה ומידע מעמיק שלפיהם עושים חישובים מדויקים.

העשירים יודעים שמה שמניע את השווקים זה קודם כל יצרים, רגשות וחמדנות. בלי זה השווקים לעולם לא היו עולים.

חמדנות מובילה למעשים,

מעשים מובילים לתוצאות

והעשירים הם אנשים שהמניע שלהם אלו התוצאות.

חייבים לזכור, שכדי להתעשר צריך לקחת בחשבון גם רגשות ואמונות פנימיות – לא הכל זה ניתוח כלכלי ומספרים "יבשים".

שיהיה ברור, העשירים משלבים רגש בידע מקצועי ומעמיק. האחד לא בא על חשבון השני. השילוב של השניים הוא המנצח.

וורן באפט, המשקיע האגדי, נהג לומר :

כשכולם חמדנים, אני יוצא מהשווקים.

כשכולם מפחדים, אני נכנס וקונה כמה שאני יכול.

תובנה עשרים:

זה אפשרי: להיות עם משפחה חמה ואוהבת מצד אחד, ובעל הון רב מצד שני

רוב האנשים מאמינים שצריך לבחור: אי להיות עשיר או להיות בעל משפחה חמה ואוהבת.

רבים חושבים שאי אפשר לשלב ביניהם, כי אין מספיק זמן. גם לבלות ולהקדיש זמן למשפחה וגם להקדיש את הזמן שנדרש לעבודה ולהרוויח הרבה כסף.

העשירים יודעים שזה אפשרי לשלב בין שניהם, ואין שום סתירה בין להיות בעל משפחה ולהיות עשיר.

כשיש משפחה חמה ואוהבת, אתה יותר רגוע במשך היום, המשפחה יודעת שאתה עובד קשה ואחת הסיבות לכך היא שאתה דואג להם ורוצה שיהיו להם חיים טובים ומהנים.

ניהול זמן – זהו המפתח להצלחה בשילוב העולמות הזה!

תובנה עשרים ואחת:

אדם שלא יודע מאיפה יבוא השקל הבא שלו, בדרך כלל גם לא יודע לאן נעלם השקל האחרון שהוציא

בני האדם הם יצורים אופטימיים מטבעם. זה משפיע גם על היחסים שלנו עם כסף.

אלו שאין להם הרבה כסף, מאמינים שלא משנה מה יעשו – לא יהיה להם מספיק כסף, אז למה להתאמץ?

"יהיה בסדר", "נסתדר" הן האמונות שלהם, אבל לרוב זה לא עובד כך.

אלו שלא חושבים על המחר מוצאים את עצמם עם חובות כבדים והלוואות וצריכים להוריד את רמת החיים שלהם כדי לשרוד.

העשירים יודעים שחייבים לתכנן ולהתכונן.

הם בודקים מה מצב תזרים המזומנים שלהם, כמה כסף יש ברשותם וכמה הם יכולים להוציא.

הם גם מתכננים כמה לחסוך לטובת העתיד והיכן להשקיע.

בתכנון נכון, שהוא לא מסובך לביצוע, ועם קצת מחשבה קדימה לגבי ההכנסות וההוצאות שלך – ניתן להגדיל משמעותית את ההון שלך ולהיות עשיר.

מזל זו לא תוכנית פעולה!

תובנה עשרים ושתיים:

אנשים רבים רואים עושר ונכסים רבים כמשהו משחית ורע. משהו שהם היו רוצים שלא יהיה קיים בעולמנו.

הם היו רוצים עולם שבו כסף ורכוש אינם המדד להצלחת האדם.

רבים מרגישים רגשות זעם, אכזבה וכעס כשמדברים איתם על עושר, נכסים ורווחה כלכלית.

העשירים מבינים שנכסים ורווחה הם חלק מהחיים, אם לא החלק הטוב של החיים.

הם שמחים להיות בעלי יותר ויותר נכסיב והון צומח.

צריך להבין שבעולמנו כסף הוא סוג של אנרגיה. אנרגיה שאי אפשר בלעדיה ולכן כדאי לרצות ממנה והרבה. אף אחד לא יכול להתקיים ברווחה ושמחה ללא כסף!!

מי שמבין שכסף הוא סוג של אנרגיה ומזמין אותה לחייו, חי חיי שמחה והכל נראה הרבה יותר רגוע ונעים.

אין כמות מוגבלת של כסף בעולם, יש מספיק לכולם. ככל שיהיה ליותר אנשים יותר כסף, כך הרווחה והאפשרויות של כולם יגדלו.

תובנה עשרים ושלוש:

אל תלמד לחסור – למד איך להרוויח

רוב האנשים קיבלו חינוך של מחסור, חינוך של אין.

המסר היה: אין מספיק, תחסכו עכשיו כדי שיהיה בעתיד. במצב גרוע יותר הם ראו כל הזמן איך מוציאים יותר כסף ממה שיש ומסתבכים בהלוואות גרועות.

תודעת החיסכון והצמצום כל כך הושרשה בהם, עד כדי שהם שכחו שיש אפשרות אחרת.

חשוב לזכור, צמצום הוא סופי!

תמיד צריך מקום לגור, לאכול, לקנות בגדים ויש הוצאות הכרחיות.

העשירים לא מקדישים כל כך הרבה תשומת לב לחינוך לחיסכון, מסיבה פשוטה: הם מתרכזים בדרכים להרוויח יותר!

הם מתמקדים בלהרוויח יותר. גידול בחיסכון הוא פועל יוצא מכך שההון שלהם גדל משמעותית כל הזמן.

הם מבינים שאם הם ירוויחו יותר, וילמדו את ילדיהם לחשוב כל הזמן על התרחבות ועל גידול בהכנסות – זה יקרה.

גדילה וצמיחה בעולם הפיננסי מגיעה מהרצון והכוונה לגדול ולהיות בעל יותר רכוש ונכסים.

תובנה עשרים וארבע:

האם אתה נלהב ללכת לעבודה?

רוב האנשים מתפרנסים מהשכר שהם מקבלים מהעבודה שאליה הם הולכים כל יום. רבים מהם מרגישים שהם לא עובדים בעבודה שהם באמת מתרגשים ושמחים ללכת אליה כל בוקר מחדש.

הם הולכים לעבודה כדי להתפרנס, ללא הנאה.

לעומתם, העשירים מצליחים להרוויח הרבה כסף בזכות העובדה שהם עוסקים במה שהם אוהבים ובמה שהם טובים בו.

תשוקה והתלהבות ממה שאתה עושה זהו פרמטר מרכזי ביכולת להרוויח הרבה כסף.

אם עוסקים במה שאוהבים, יש כוח ומרץ לעשות זאת במשך שנים בלי להרגיש תסכול ועייפות כמו שחשים האנשים שהולכים לעבודה שהם לא אוהבים.

וודא שיש לך סיפוק ושאתה נהנה ממה שאתה עושה, ואם כן הדרך לעושר פתוחה בפניך.

FINISH

תובנה עשרים וחמש:

"הבסיס להצלחה הוא תשוקה.
חייבים לזכור שתשוקה קטנה מביאה לתוצאות חלשות.
זה בדיוק כמו שאש קטנה מפיצה חום חלש".

נפולאון היל

רוב האנשים לא מאמינים שהם יכולים לשנות, להשתנות ולחולל שינוי.

הם לא מאמינים שהם יכולים לשנות את עצמם, לחולל שינוי בסביבה ולשפר משמעותית את מצבם הפיננסי.

העשירים מבינים שהכל מתחיל בתשוקה.

הם מאמינים בדרך, הולכים בה בהתלהבות – ומצליחים.

מכשולים קטנים בדרך לא יסיטו אותם מהמטרה שהם הציבו לעצמם.

אמונה פנימית חזקה בדרך שלהם ורצון עז יביאו אותם להצלחה.

תובנה עשרים ושש:

האם העשירים הם סנובים?

רוב האנשים חושבים שעשירים הם סנובים, שרוצים להסתובב רק בחברת עשירים כמותם.

הם מאמינים שעשירים מסתכלים מלמעלה על האנשים "הרגילים" שאין להם הרבה כסף.

האמת היא, שעשירים רק רוצים להיות מוקפים באנשים שחושבים כמותם.

זה פשוט, רוב האנשים רוצים להיות מוקפים באנשים דומים להם.

גם אישה בהריון מרגישה בנוח עם נשים בהריון, כי נושאי השיחה והעניין שלהם דומים.

כמוה גם העשיר. תהיה לו יותר שפה משותפת עם עשיר אחר, מאשר עם אדם עני או בעל תודעה מצומצמת של רווחה.

תחומי העניין והפעילות שלהם דומים, ולכן הוא מחפש את חברתם של אנשים נעימים לו שיכולים גם לתרום לו ידע ורעיונות חדשים.

תובנה עשרים ושבע:

"מי שרוצה להתפרנס, צריך לעבוד.
מי שרוצה להתעשר, צריך למצוא דרך אחרת."
אלפונס קאר

רוב האנשים חושבים שהדרך היחידה להתפרנס היא ללכת לעבוד. לקום מוקדם בבוקר, לעבוד כל היום ולחזור הביתה בערב מותש ועייף.

רוב האנשים חיים מסוף שבוע לסוף שבוע ומחכים לתקופת החגים כדי לנוח ולהירגע.

עבודה כזו תאפשר לך פרנסה מכובדת אבל לא תביא אותך לעושר ורווחה כלכלית.

העשירים מבינים שבעבודה קשה משיגים פרנסה טובה אבל לא עושר. כדי להיות עשיר צריך למצוא מקורות הכנסה פסיביים, שעובדים בשבילך. דוגמא טובה היא הכנסה משכר דירה.

דרך נוספת להתעשר היא דרך השקעות, אבל רק אחרי שלמדת והבנת את החוקים, סיכויים וסיכונים. דרך ההשקעה הנוחה והמקובלת ביותר היא בשוקי ההון בארץ ובעולם.

אפשר גם להקים חברה, לגייס עובדים שיעבדו עבורך ולך יהיה זמן לבזבז את הכסף שתרוויח.

בעולם המודרני, האינטרנט מאפשר דרכים יצירתיות ורבות להרוויח כסף כהכנסה פסיבית – הצטרף לעולם המודרני ולמד את השיטה המתאימה לך.

העשירים מבינים שלא ניתן להתעשר מעבוד‎ה של 5 ימים בשבוע, מ-9:00 עד 17:00.

הצטרף אליהם!

מצא מקורות הכנסה נוספים שיעבדו עבורך.

תובנה עשרים ושמונה:

החיים מורכבים מאיזון.
איזון בין הטוב לרע, בין השיא לשפל.
כל אחד צריך להבין שהמפתח לעושר מתחיל מבפנים.
יש לך את הכוח לשנות את המחשבה, כך שכל המחשבות הרעות שפולשות אליך יוחלפו במחשבות טובות ומלאות שמחה.
לחשוב חיובי, לשמוח ולהאמין בטוב.
אלן דג׳נרס

ההצלחה שלנו, הרווחה הכלכלית והשמחה שלנו – הכל מתחיל מבפנים.

אנחנו בוחרים אם להיעלב מדברים שאומרים לנו או לתת להם לחלוף לידנו.

אנחנו מחליטים אם לקום בבוקר עם חיוך ושמחה בלב לעוד יום מלא ואנרגטי, או לקום עייפים וממורמרים.

אנחנו מחליטים האם לחייך לחברים בעבודה, לקופאי בסיפרמרקט ולחיים בכלל.

העשיר יודע שהכל תלוי בו. הוא יודע שאם הוא מרגיש שמח, מרוצה ומאמין במה שהוא עושה, העושר שלו מובטח.

שמחה ואמונה הם מדבקים – דומה מושך דומה.

אנחנו אחראים על עצמנו!!!

תובנה עשרים ותשע:

לפני שאתה מדבר, תקשיב

לפני שאתה כותב, תחשוב

לפני שאתה מבזבז, תרוויח

לפני שאתה משקיע, תחקור ותלמד

לפני שאתה מאשים, נסה בעצמך

לפני שאתה פורש, חסוך.

תן כבוד לאחר, התרגל להסתכל צעד אחד קדימה ולהיות פחות מאלו "שחיים את הרגע, כי חיים רק פעם אחת".

זה נכון תמיד, אבל בעולם הכסף המשמעות של מבט קדימה היא חשובה אף יותר.

מחשבה ותכנון לטווח ארוך של ההכנסות וההוצאות שלך, יביאו לך עושר ורוגע.

אסור להתעלם מהעתיד הכלכלי שלך, הוא יגיע הרבה יותר מהר ממה שאתה חושב.

רמת החיים שלך כשתפרוש תלויה אך ורק בך !!!

תובנה שלושים:

"יותר מדי אנשים מבזבזים כסף שאין להם, כדי לקנות דברים שהם לא צריכים, כדי להרשים אנשים שהם לא אוהבים ולא אכפת להם מהם."

וויל רוג׳רס

שאלה: כמה פעמים עשית משהו שלא רצית לעשות, ובאמת לא נהנית מהעשיה – אבל עשית זאת כי לא רצית להיראות שונה?

כמה פעמים קנית בגד או חפץ שלא באמת אהבת אבל קנית כי זה עכשיו באופנה?

רוב האנשים רוצים להיות בסדר עם כולם ומקובלים בחברה. להיות יוצא דופן זו לא אפשרות בעיניהם, לכן פעמים רבות הם עושים דברים שהם לא מאמינים בהם, רק בשביל לקבל הכרה מהחברה והסביבה בה הם נמצאים.

העשירים מובילים דיעה. הם הולכים עם האמת שלהם ולא אכפת להם מה אנשים אחרים חושבים עליהם.

הם עושים רק מה שבאמת בא להם והם מאמינים שזה יקדם אותם לעבר ההצלחה.

לחשוב כמו עשירים פירושו ללכת עם האמת שלך עד הסוף!

תובנה שלושים ואחת:

"כסף הוא לא הכל בחיים, כל זמן שיש לך מספיק ממנו"

מלקולם פורבס

שתה ואכול כי מחר נמות – מי לא מכיר את סגנון החיים הזה?

חיים רק פעם אחת, אז למה לחסוך ולמה לדאוג?

הכל טוב ויפה כל עוד יש מספיק כסף כדי לקיים את עצמנו ואת המשפחה.

רוב האנשים לא מעלים על דעתם שמשהו עלול להשתבש ולכן מרשים לעצמם לקנות כל מה שבא להם, לקחת הלוואות גדולות בחוסר מחשבה מה יהיה מקור ההחזר של ההלוואה ולהתנהל מבחינה פיננסית באופן פזרני.

העשירים מבינים שלא לעולם חוסן, ושהגלגל יכול להסתובב.

לשם כך, הם תמיד נמצאים עם רזרבות כספיות לשעת צרה.

זה מה שעוזר להם להמשיך ולהתקדם בכל הכוח גם בתקופות כלכליות קשות.

אוקיי, אני רוצה לקנות את כל האופציות

תובנה שלושים ושתיים:

מרבה נכסים, מרבה דאגה

מסכת אבות

רבים טועים וחושבים שמשפט זה אומר: כדאי להיות עני, בלי הרבה נכסים,
כי אז לא יהיו לי דאגות.

באמת?

מי שאין לו כסף ואין לו מה לאכול והיכן לגור הוא חסר דאגות?
איזו גבורה זו להגיד לא לילדים ולעצמך כי אין מספיק כסף?

העשירים יודעים שלהיות ללא כסף ונכסים זו בעיה גדולה הרבה יותר מאשר
להיות בעל הון ולנהל אותו.
העשיר יכול לשכור שירותי ניהול מקצועי, או לנהל את רכושו בעצמו והחשוב
מכל: אין לו טרדות מהיכן תבוא המשכורת של החודש הבא.

תובנה שלושים ושלוש:

"זה לא מספיק לעשות כמיטב יכולתנו, לפעמים עלינו
לעשות את מה שנדרש"

וינסטון צ'רצ'יל

רוב האנשים עובדים מאד קשה, מגדלים משפחה ויוצאים לבלות מדי פעם.

חלקם נוסעים לחו"ל וחווים חוויות ועולמות רחוקים, חלקם מטיילים בארץ
ונופשים על שפת הכנרת באוהל.

בין העבודה, משפחה ובילויים אין להם זמן ואין להם חשק לעשות כלום.

לא מדויק, הם גם רואים טלוויזיה, הולכים לים ונפגשים עם חברים כדי
לקטר.

מרוב הריצות אף פעם אין להם זמן.

העשירים מבינים שהיכולת החשובה באמת היא האבחנה בין עיקר ותפל.

הם תמיד ישאלו את עצמם: מה שאני עושה עכשיו, באמת עוזר לי במשהו?

הפעילות הזו מקדמת אותי לעבר המטרה?

הם לעולם לא יגידו: זה מה שיש ואין מה לעשות. הם לא ישחיתו את זמנם
בפעולות סרק שלא משאירות להם זמן לדברים החשובים באמת.

הם יכוונו את העתיד ויתמקדו בדברים שיביאו להם הצלחה ועושר.

החוכמה היא לשלב הנאה עם מטרות ברורות.

תובנה שלושים וארבע:

"הוא אשר מסתמך על רווחים מובטחים, לא יצמח עושרו
והוא אשר משקיע מרצו בהרפתקאות עשוי העוני לחכות לו
בפינה.
טוב יעשה האדם אשר מקיף את ההרפתקה בגדר מובטחת
שתשמור אותו מפני הפסדים."

סר פרנסיס בייקון

רוב האנשים שונאים להפסיד. יותר מאשר אנחנו שמחים מרווח, אנחנו
סולדים מהפסד.

יש מעטים "שהולכים על כל הקופה". לא אכפת להם מה יהיה מחר, הם
חיים רק את הכאן ועכשיו.

כל הרוצה להרוויח כסף ולהתעשר צריך לאזן בין שתי הגישות.

להיות חרדתי ולפחד להפסיד כסף - מכך לעולם לא יצמח עושר.

בעולם הפיננסי סיכוי בא יחד עם סיכון: סיכון נמוך = סיכוי נמוך לרווח
גדול.

אותו אחד שבא לעשות את המכה עכשיו וללכת, עלול למצוא עצמו מרושש
וחסר כל, כי הרי נאמר: סיכוי גדול = סיכון גדול.

העשירים באמת משקיעים חלק לא קטן מהונם באפיקים בטוחים, ובחלק
הקטן יותר מהכסף שלהם הם מחפשים הרפתקאות שיצמיחו עוד יותר את
הונם ויגדילו את עושרם.

תובנה שלושים וחמש:

"אם אין אני לי, מי לי..."
משנה אבות א יד

יותר מדי אנשים מסתמכים על המזל.

הם חושבים שידאגו להם – אבל שוכחים לשאול את עצמם מי בדיוק יעשה זאת.

הם חושבים שתמיד יהיה בסדר, סומכים על יכולת האלתור שלהם.

הם חושבים "שמגיע" להם כי הם משלמים מיסים, שירתו בצבא ומתנהגים כאזרחים טובים.

העשירים מבינים שאף אחד לא ידאג להם אם הם לא ידאגו לעצמם.

העשירים מבינים שצריך לתכנן ולהסתכל על המחר, ולא מחכים לניסים ולמזל שיגיע.

העשיר יודע מה קורה עם הכסף שלו, הוא מציב לעצמו שאיפות ויעדים ומתכנן את כל הדרך כיצד להגיע אליהם.

תובנה שלושים ושש:

מחשבות הן כמו פרחים,
נפתחות רק כשמגיע הזמן.

בעולם הרוחני, מאד מאמינים במשפט: כשהתלמיד מוכן, המורה מגיע.
עולם הכסף פועל באופן דומה.
מי שמפחד מכסף, מי שלא רוצה להיות עשיר - העולם מתחשב בו ונותן לו
להמשיך לחיות את חייו בצמצום ודאגות לקראת מה יקרה מחר.

ומצד שני, מי שרוצה ומוכן להיות עשיר מבין שהכל תלוי בעצמו.
מי שאוהב כסף, מוכן להודות בזה ורוצה להתעשר, מבלי לפגוע באחר, יעשה
ככל יכולתו למצוא מקורות הכנסה והשקעה נוספים.
המחשבות שלו וההתכווננות שלו יהיו לכיוון העושר.

כשתרצה ותסכים להיות עשיר, הכסף כבר יגיע גם ממקורות לא צפויים.

לסיכום,

בספר זה ניסיתי לעזור לך להבין טוב יותר כיצד באפשרותך להשפיע על עתידך על ידי התאמת המחשבות והאמונות שלך ליעדים והרצונות האמיתיים שלך.

אם תאמין שמגיע לך יותר, שמגיע לך רק טוב, עושר ורווחה כלכלית – תצליח.

יש מספיק כסף ועושר לכולם.

אף אחד לא גוזל משהו ממישהו אחר אם הוא פועל ביושר ובאמונה חזקה לקידום מטרותיו.

נולדנו כדי לשמוח ולהתעשר, בוא נעשה את זה.

אם כולנו נהיה עשירים יותר, נוכל לרכוש יותר מוצרים, לצאת יותר לחופשות ולרכוש הרבה נכסים.

כל אחד מאיתנו יוציא יותר כסף, וכך כולם מרוויחים: הכלכלה תתחזק ותנוע מהר יותר וכולם ירוויחו עוד.

כסף אינו מטרה - הוא כלי המשנה את חיינו.

אני מאחל לך כל טוב, והרבה הצלחה בדרך אל העושר והשמחה.

אני מקווה שנהנית מקריאת הספר, ואתה מרגיש שהוא עזר לך להתקדם אל עבר העושר האישי שלך.

הכנתי מדריך חינמי לעצמאות כלכלית, שיכול לעזור לך בדרך בה התחלת.

להורדת המדריך סרוק את הברקוד או הקלד את הכתובת הבאה:

http://2success.ravpage.co.il/matana

אשמח לקבל ממך משוב על הספר, ובעיקר מה אהבת בו ואיזה מהתובנות הצליחו לעזור לך לחשוב אחרת על עולם הכסף והעושר.

כתובת המייל לשליחת המשוב היא: amit@2success.biz

ניתן להזמין את הספר בהזמנה מרוכזת במחיר מיוחד

ניתן להזמין הרצאות לחוגי בית, ארגונים וימי כיף.

בין נושאי ההרצאות:

• הדרך אל העושר

• להרוויח לפחות עוד 5,000 ₪ בשנה בלי מאמץ

• השקעות בשוק ההון

• השקעות בנדל"ן

• השקעות אלטרנטיביות

• בהתאמה אישית: כל נושא כלכלי ופיננסי לבקשתך

מייל להזמנות: amit@2success.biz

טלפון להזמנות: 054-2575888

קורסים דיגיטליים בנושאי השקעות, נדל"ן והתנהלות כלכלית נכונה. פרטים נוספים באתר:

www.2success.biz

סיפור פשוט, להיות סופר בינלאומי:

פרסום הספר שלך במרחק נגיעה!

העולם משתוקק לקרוא אותך.

הזמן לצאת לאור הוא עכשיו!

* עיצוב ספר דיגיטלי ומודפס מותאם לאמזון

* עיצוב ספר מודפס בעברית והדפסת כמויות קטנות

* קידום הספר באמזון

* הדרכה אישית

www.simplestory.co.il

info@simplestory.co.il

04-6311662

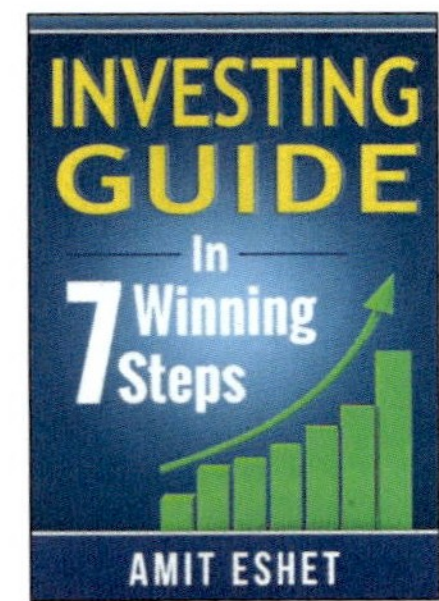

ניתן להשיג באתר www.amazon.com

Made in the USA
Coppell, TX
21 September 2023

21810341R00045